The First Battle: Short Stories in French for Beginners

Artici Bilingual Books

Published by Artici Bilingual Books, 2024.

THE FIRST BATTLE: SHORT STORIES IN FRENCH FOR BEGINNERS

First edition. April 2, 2024.

Copyright © 2024 Artici Bilingual Books.

ISBN: 979-8224981984

Written by Artici Bilingual Books.

Table of Contents

La Première Bataille

Il était une fois, dans un lointain royaume, une petite ville paisible entourée de collines verdoyantes. Les habitants de cette ville vivaient en harmonie depuis des générations, se consacrant à leurs cultures et à leurs familles avec bonheur.

Mais un jour, une armée ennemie envahit le royaume, menaçant de détruire tout ce que les habitants avaient construit avec tant de soin. Les gens de la ville, terrifiés par la perspective d'une guerre, se rassemblèrent pour décider de leur sort.

Parmi eux se trouvait un jeune garçon nommé Louis. Louis était courageux et déterminé, et il savait qu'il devait faire quelque chose pour protéger sa ville bien-aimée. Malgré sa peur, il se porta volontaire pour rejoindre l'armée et défendre son foyer contre l'envahisseur.

La nuit avant la bataille, Louis se tenait devant la petite église du village, regardant les étoiles briller dans le ciel nocturne. Il sentait le poids de la responsabilité sur ses épaules, mais il était déterminé à se battre pour ce en quoi il croyait.

Le lendemain matin, l'armée ennemie arriva devant les portes de la ville, prête à lancer son attaque. Les habitants se rassemblèrent sur les remparts, prêts à défendre leur foyer jusqu'au bout.

La bataille qui s'ensuivit fut féroce et sanglante. Les flèches sifflaient dans les airs, les épées s'entrechoquaient et les cris des combattants remplissaient l'air. Mais malgré les assauts répétés de l'ennemi, les habitants de la ville se battirent avec courage et détermination, refusant de reculer face à l'adversité.

Au cœur de la bataille se tenait Louis, brandissant son épée avec courage et défiant tous ceux qui osaient s'approcher de lui. Malgré son jeune âge, il était déterminé à se battre jusqu'au bout pour protéger sa ville et ses habitants.

Finalement, après des heures de combat acharné, l'ennemi commença à reculer. Les habitants de la ville, voyant l'occasion de prendre l'avantage, se lancèrent dans une contre-attaque féroce, repoussant les envahisseurs hors de leurs murs et les forçant à battre en retraite.

La victoire était enfin la leur. Les habitants de la ville se rassemblèrent sur les remparts, regardant l'armée ennemie s'éloigner dans le lointain. Ils avaient réussi à défendre leur foyer contre toute attente, grâce au courage et à la détermination de chacun.

Louis se tenait parmi eux, le cœur rempli de fierté et d'émotion. Il savait que la bataille était terminée, mais il savait aussi que ce n'était que le début d'une longue lutte pour préserver la paix et la liberté dans leur royaume bien-aimé.

Les habitants de la ville se rassemblèrent pour célébrer leur victoire, reconnaissants d'avoir survécu à la première bataille et déterminés à reconstruire leur foyer plus fort que jamais. Et parmi eux se trouvait Louis, un héros à part entière, dont le courage et la détermination avaient inspiré tous ceux qui l'avaient vu se battre avec tant de bravoure pour défendre ce en quoi il croyait.

The First Battle

Once upon a time, in a distant kingdom, there was a small peaceful town surrounded by green hills. The inhabitants of this town had lived in harmony for generations, dedicating themselves to their crops and families with happiness.

But one day, an enemy army invaded the kingdom, threatening to destroy everything the inhabitants had built with such care. The people of the town, terrified at the prospect of war, gathered to decide their fate.

Among them was a young boy named Louis. Louis was brave and determined, and he knew he had to do something to protect his beloved town. Despite his fear, he volunteered to join the army and defend his home against the invader.

The night before the battle, Louis stood before the small church of the village, watching the stars shine in the night sky. He felt the weight of responsibility on his shoulders, but he was determined to fight for what he believed in.

The next morning, the enemy army arrived at the gates of the town, ready to launch its attack. The inhabitants gathered on the ramparts, ready to defend their home to the end.

The battle that ensued was fierce and bloody. Arrows whistled through the air, swords clashed, and the cries of the fighters filled the air. But despite the repeated assaults of the enemy, the townspeople fought with courage and determination, refusing to back down in the face of adversity.

At the heart of the battle stood Louis, wielding his sword with courage and challenging anyone who dared to approach him. Despite his young age, he was determined to fight to the end to protect his town and its people.

Finally, after hours of fierce fighting, the enemy began to retreat. The townspeople, seeing the opportunity to gain the upper hand, launched a fierce counterattack, driving the invaders out of their walls and forcing them to retreat.

Victory was finally theirs. The townspeople gathered on the ramparts, watching the enemy army fade into the distance. They had managed to defend their home against all odds, thanks to the courage and determination of each and every one of them.

Louis stood among them, his heart filled with pride and emotion. He knew that the battle was over, but he also knew that it was only the beginning of a long struggle to preserve peace and freedom in their beloved kingdom.

The townspeople gathered to celebrate their victory, grateful to have survived the first battle and determined to rebuild their home stronger than ever. And among them was Louis, a hero in his own right, whose courage and determination had inspired everyone who had seen him fight so bravely to defend what he believed in.

Je Suis Venu à Marseille

Je m'appelle Lucas. J'ai toujours rêvé de voyager et de découvrir de nouveaux endroits, mais je n'avais jamais eu l'occasion de le faire. Jusqu'à ce jour où j'ai décidé de tout laisser derrière moi et de partir à l'aventure. Et c'est ainsi que je me suis retrouvé à Marseille.

Je suis arrivé à Marseille avec un sac à dos sur le dos et un cœur plein d'espoir. La ville était animée et vibrante, avec ses rues étroites et ses marchés colorés. Je me sentais immédiatement chez moi.

Ma première journée à Marseille a été une véritable aventure. Je me suis promené dans les rues, découvrant les magnifiques bâtiments historiques et les petits cafés pittoresques. J'ai goûté à la délicieuse cuisine provençale et j'ai été émerveillé par la beauté du vieux port.

Au fil des jours, j'ai exploré chaque coin de la ville, me laissant imprégner de son charme méditerranéen. J'ai visité le célèbre quartier du Panier, avec ses ruelles étroites et ses façades colorées, et j'ai gravi la colline de Notre-Dame de la Garde pour admirer la vue imprenable sur la ville.

Mais ce n'était pas seulement la beauté de Marseille qui m'attirait, c'était aussi les gens. J'ai rencontré des habitants chaleureux et accueillants, toujours prêts à partager un sourire ou un bon conseil sur les meilleurs endroits à visiter.

Un jour, alors que je me promenais le long du vieux port, j'ai rencontré une femme nommée Amélie. Elle était assise sur un banc, regardant les bateaux passer avec un air de rêverie. Nous avons commencé à discuter et nous avons tout de suite sympathisé.

Amélie était une artiste, passionnée par la peinture et la photographie. Elle m'a montré ses œuvres, des paysages magnifiques et des portraits saisissants, et j'ai été époustouflé par son talent. Nous avons passé des heures à discuter de nos passions et de nos rêves, et j'ai senti une connexion spéciale se former entre nous.

Au fil des jours, Amélie est devenue ma guide et ma complice à Marseille. Elle m'a emmené dans des endroits cachés de la ville, loin des sentiers battus des touristes, et m'a fait découvrir les trésors secrets de Marseille. Ensemble, nous avons exploré les calanques sauvages, nageant dans les eaux cristallines et profitant du soleil éclatant. Nous avons découvert des petits restaurants familiaux, où nous avons dégusté des plats délicieux préparés avec amour. Et nous avons dansé jusqu'au bout de la nuit dans les bars animés du Vieux-Port.

Mais alors que je m'immergeais dans la vie de Marseille, je sentais aussi que quelque chose manquait.

Le lendemain, j'ai pris une grande décision. J'ai décidé de quitter Marseille et de poursuivre mon voyage vers de nouveaux horizons. Ce n'était pas un adieu, mais un au revoir, car Marseille resterait toujours dans mon cœur comme le lieu où j'avais trouvé l'amitié, l'aventure et le courage de suivre mes rêves.

Alors que je quittais Marseille, le soleil se levait à l'horizon, illuminant la ville d'une lumière dorée. Et dans mon cœur, je savais que peu importe où la vie me mènerait, Marseille serait toujours là, à m'attendre, prête à me rappeler que les plus grandes aventures commencent souvent là où l'on s'y attend le moins.

I Came to Marseille

My name is Lucas. I had always dreamed of traveling and discovering new places, but I had never had the opportunity to do so. Until the day I decided to leave everything behind and embark on an adventure. And that's how I found myself in Marseille.

I arrived in Marseille with a backpack on my back and a heart full of hope. The city was lively and vibrant, with its narrow streets and colorful markets. I immediately felt at home.

My first day in Marseille was a real adventure. I wandered the streets, discovering the magnificent historic buildings and quaint cafes. I tasted delicious Provencal cuisine and was amazed by the beauty of the old port. Over the days, I explored every corner of the city, immersing myself in its Mediterranean charm. I visited the famous Panier district, with its narrow streets and colorful facades, and climbed the hill of Notre-Dame de la Garde to admire the breathtaking view of the city.

But it wasn't just Marseille's beauty that attracted me, it was also the people. I met warm and welcoming locals, always ready to share a smile or a good tip about the best places to visit.

One day, as I was walking along the old port, I met a woman named Amélie. She was sitting on a bench, watching the boats pass by with a dreamy look. We started chatting and immediately hit it off.

Amélie was an artist, passionate about painting and photography. She showed me her works, beautiful landscapes and striking portraits, and I was amazed by her talent. We spent hours talking about our passions and dreams, and I felt a special connection forming between us.

Over the days, Amélie became my guide and accomplice in Marseille. She took me to hidden spots in the city, far from the beaten tourist paths, and showed me Marseille's secret treasures.

Together, we explored the wild creeks, swimming in the crystal-clear waters and basking in the bright sun. We discovered small family restaurants, where we tasted delicious dishes prepared with love. And we danced the night away in the lively bars of the Old Port.

But as I immersed myself in Marseille's life, I also felt that something was missing.

The next day, I made a big decision. I decided to leave Marseille and continue my journey to new horizons. It wasn't a goodbye, but a see you later, because Marseille would always remain in my heart as the place where I found friendship, adventure, and the courage to follow my dreams.

As I left Marseille, the sun rose on the horizon, illuminating the city with a golden light. And in my heart, I knew that no matter where life took me, Marseille would always be there, waiting for me, ready to remind me that the greatest adventures often begin where you least expect them.

La Promenade Solitaire

Dans une ville grise et brumeuse, une femme solitaire nommée Élise vivait dans un petit appartement au dernier étage d'un immeuble délabré. Chaque jour, elle se réveillait avec le poids de la solitude sur ses épaules, se demandant si elle trouverait un jour le courage de briser la monotonie de sa vie.

Un matin d'automne, alors que la pluie tambourinait contre les fenêtres de son appartement, Élise prit une décision. Elle enfila son manteau, noua son écharpe autour de son cou et sortit dans les rues désertes de la ville.

Élise se mit à marcher sans but précis, laissant ses pas la guider à travers les ruelles sombres et les places désertes. Elle sentait le vent froid mordre ses joues et les gouttes de pluie mouiller ses cheveux, mais elle ne s'arrêta pas.

Alors qu'elle marchait, Élise se perdit dans ses pensées, se remémorant les moments de bonheur de sa jeunesse et les rêves qu'elle avait abandonnés en cours de route. Elle se demanda si elle avait fait les bons choix dans sa vie, si elle avait vraiment vécu ou simplement existé.

Soudain, alors qu'elle tournait au coin d'une rue, Élise aperçut quelque chose qui attira son attention. C'était une librairie ancienne, avec des étagères remplies de livres usés et de poussière. Intriguée, elle décida d'entrer.

À l'intérieur, l'odeur de vieux livres imprégnait l'air, et Élise se sentit immédiatement enveloppée d'un sentiment de chaleur et de réconfort. Elle se promena entre les rayons, laissant ses doigts effleurer les reliures usées et les pages jaunies.

Finalement, Élise s'arrêta devant une petite table où un livre ancien était posé. Sur la couverture, elle lut les mots "Le Voyage de l'Âme" en lettres dorées. Intriguée, elle ouvrit le livre et commença à lire.

Les mots semblaient sauter des pages et à capturer son imagination, transportant Élise dans un monde de magie et d'aventure. Elle se laissa emporter par l'histoire, oubliant pour un moment les soucis qui pesaient sur son cœur.

Quand elle ferma le livre, Élise sentit quelque chose de nouveau en elle. Une lueur d'espoir, une étincelle de vie qui brillait faiblement mais qui était bien présente. Elle réalisa alors que même dans les moments les plus sombres, il y avait toujours de la beauté à trouver, des histoires à découvrir, et des rêves à poursuivre.

Avec un sourire sur les lèvres, Élise quitta la librairie et reprit sa promenade solitaire dans les rues de la ville. Mais cette fois-ci, elle ne se sentait plus aussi seule. Car elle savait que tant qu'il y aurait des livres à lire et des histoires à partager, elle ne serait jamais vraiment seule.

The Solitary Stroll

In a gray and misty town, a solitary woman named Elise lived in a small apartment on the top floor of a dilapidated building. Every day, she woke up with the weight of loneliness on her shoulders, wondering if she would ever find the courage to break the monotony of her life.

One autumn morning, as the rain drummed against the windows of her apartment, Elise made a decision. She put on her coat, wrapped her scarf around her neck, and ventured out into the deserted streets of the city.

Elise began to walk aimlessly, letting her steps guide her through the dark alleys and empty squares. She felt the cold wind bite her cheeks and the raindrops wet her hair, but she didn't stop.

As she walked, Elise got lost in her thoughts, reminiscing about the moments of happiness from her youth and the dreams she had abandoned along the way. She wondered if she had made the right choices in her life, if she had truly lived or simply existed.

Suddenly, as she turned a corner, Elise spotted something that caught her attention. It was an old bookstore, with shelves filled with worn books and dust. Intrigued, she decided to enter.

Inside, the smell of old books filled the air, and Elise immediately felt enveloped in a sense of warmth and comfort. She wandered between the shelves, letting her fingers brush against the worn bindings and yellowed pages.

Eventually, Elise stopped in front of a small table where an old book was lying. On the cover, she read the words "The Journey of the Soul" in golden letters. Intrigued, she opened the book and began to read.

The words seemed to leap off the pages and capture her imagination, transporting Elise into a world of magic and adventure. She was swept away by the story, forgetting for a moment the worries weighing on her heart.

When she closed the book, Elise felt something new within her. A glimmer of hope, a spark of life that shone dimly but was undeniably present. She realized then that even in the darkest moments, there was always beauty to be found, stories to discover, and dreams to pursue.
With a smile on her lips, Elise left the bookstore and resumed her solitary stroll through the city streets. But this time, she didn't feel as lonely. Because she knew that as long as there were books to read and stories to share, she would never truly be alone.

La Quête de l'Étoile

Il était une fois, dans un royaume lointain, un jeune homme nommé Michel. Michel était un simple paysan, vivant dans un petit village au pied des montagnes. Depuis qu'il était enfant, il avait entendu des histoires fantastiques sur une étoile mystique cachée au sommet de la plus haute montagne.

Un jour, alors qu'il regardait le ciel étoilé depuis son champ, Michel vit une étoile filante traverser le ciel. Il prit cela comme un signe du destin et décida de partir à la recherche de l'étoile légendaire.

Le lendemain matin, Michel se leva avant le lever du soleil et se mit en route vers la montagne. Il n'avait pas peur des défis qui l'attendaient, car son cœur était rempli de détermination et d'espoir.

Pendant des jours et des nuits, Michel escalada les pentes escarpées de la montagne, traversant des forêts sombres et des rivières tumultueuses. Il affronta des tempêtes et des bêtes sauvages, mais rien ne pouvait l'arrêter dans sa quête.

Finalement, après un long voyage, Michel atteignit enfin le sommet de la montagne. Il regarda autour de lui, émerveillé par la vue spectaculaire qui s'offrait à lui. Mais il n'y avait pas d'étoile en vue.

Déçu mais déterminé, Michel décida de ne pas abandonner. Il savait que l'étoile devait être là quelque part, cachée dans les cieux nocturnes.

Il passa la nuit au sommet de la montagne, observant attentivement le ciel étoilé. Et soudain, alors que les premières lueurs de l'aube apparaissaient à l'horizon, il vit une étoile brillante apparaître dans le ciel.

C'était l'étoile mystique dont il avait tant entendu parler. Michel sentit son cœur bondir de joie alors qu'il regardait l'étoile scintiller dans la nuit.

Il resta là, fasciné par la beauté de l'étoile, jusqu'à ce que les premiers rayons du soleil dissolvent les ténèbres de la nuit. Et alors qu'il descendait de la montagne, Michel savait que son voyage avait été couronné de succès.

Il retourna dans son village, portant avec lui le souvenir de son incroyable aventure. Et bien que personne ne crût vraiment à son histoire, Michel savait dans son cœur qu'il avait trouvé l'étoile mystique, et que rien ne pourrait jamais lui enlever cette victoire.

The Quest for the Star

Once upon a time, in a distant kingdom, there was a young man named Michel. Michel was a simple peasant, living in a small village at the foot of the mountains. Ever since he was a child, he had heard fantastic stories about a mystical star hidden at the top of the highest mountain.

One day, as he looked up at the starry sky from his field, Michel saw a shooting star streak across the sky. He took it as a sign from destiny and decided to set out in search of the legendary star.

The next morning, Michel rose before sunrise and set off for the mountain. He was not afraid of the challenges that awaited him, for his heart was filled with determination and hope.

For days and nights, Michel climbed the steep slopes of the mountain, crossing dark forests and turbulent rivers. He faced storms and wild beasts, but nothing could stop him on his quest.

Finally, after a long journey, Michel reached the summit of the mountain. He looked around, amazed by the spectacular view that lay before him. But there was no star in sight.

Disappointed but determined, Michel decided not to give up. He knew that the star must be there somewhere, hidden in the night skies.

He spent the night at the top of the mountain, carefully watching the starry sky. And suddenly, as the first light of dawn appeared on the horizon, he saw a bright star appear in the sky.

It was the mystical star he had heard so much about. Michel felt his heart leap for joy as he watched the star sparkle in the night.

He stayed there, fascinated by the beauty of the star, until the first rays of the sun dissolved the darkness of the night. And as he descended from the mountain, Michel knew that his journey had been successful.

He returned to his village, carrying with him the memory of his incredible adventure. And although no one truly believed his story,

Michel knew in his heart that he had found the mystical star, and that nothing could ever take away this victory from him.

Le Paresseux

Dans une forêt lointaine, vivait un paresseux nommé Léonard. Il était connu comme le paresseux le plus paresseux de toute la forêt.

Chaque jour, Léonard se réveillait tard dans l'après-midi, bâillait paresseusement et se traînait hors de son arbre. Il se dirigeait vers la branche la plus basse, s'y installait confortablement et y passait le reste de la journée à ne rien faire du tout.

Ses voisins, les écureuils, les lapins et les oiseaux, étaient toujours très occupés à collecter de la nourriture, construire des nids et s'amuser. Mais pas Léonard. Il préférait juste se prélasser au soleil, regardant paresseusement les nuages dériver dans le ciel.

Un jour, un écureuil nommé Émile décida qu'il en avait assez de voir Léonard ne rien faire toute la journée. Il grimpa sur l'arbre de Léonard et lui dit : "Léonard, tu devrais vraiment te trouver quelque chose à faire. La vie est trop courte pour la passer à ne rien faire."

Léonard ouvrit un œil, regarda Émile avec indifférence, puis le referma et se rendormit. "Peut-être plus tard", murmura-t-il.

Mais Émile ne se découragea pas. Il décida d'aider Léonard à trouver une activité qui lui plairait. Il lui proposa de jouer à cache-cache, de faire une course d'escalade dans les arbres ou même de partir à la recherche de trésors cachés dans la forêt.

Mais à chaque suggestion, Léonard secouait la tête et répondait : "Non merci, je préfère juste me détendre."

Émile commençait à perdre espoir lorsqu'il eut une idée brillante. Il savait que Léonard aimait manger autant qu'il aimait se reposer. Alors, il lui proposa de participer à un concours de cuisine. "Tu pourrais nous montrer tes talents culinaires et peut-être même gagner un prix", dit-il avec enthousiasme.

Léonard fut intrigué par cette idée. Il aimait cuisiner et avait souvent inventé des recettes délicieuses avec les ingrédients qu'il trouvait dans la forêt. Peut-être que c'était là l'activité parfaite pour lui.

Le concours de cuisine fut organisé le lendemain, avec tous les animaux de la forêt qui apportaient leurs plats les plus savoureux. Il y avait des gâteaux aux noisettes, des tartes aux baies sauvages et même des soupes aux champignons.

Léonard se mit au travail, préparant sa spécialité : une salade de fruits exotiques avec une sauce secrète.

Quand vint le moment de déguster les plats, tous les animaux se rassemblèrent avec impatience. Léonard apporta sa salade de fruits et la disposa avec fierté sur la table.

Les animaux goûtèrent les différents plats, discutant de leurs saveurs et de leurs textures. Mais quand ils goûtèrent la salade de fruits de Léonard, leurs yeux s'illuminèrent d'émerveillement.

"C'est délicieux !" s'exclamèrent-ils tous en chœur.

Léonard rougit de plaisir devant tant de compliments. Il avait rarement été aussi fier de lui. Peut-être que trouver une activité qui lui plaisait valait la peine de quitter sa branche confortable de temps en temps.

The Sloth

In a distant forest lived a sloth named Leonard. He was known as the laziest sloth in the entire forest.

Every day, Leonard woke up late in the afternoon, yawned lazily, and dragged himself out of his tree. He would make his way to the lowest branch, settle himself comfortably, and spend the rest of the day doing absolutely nothing.

His neighbors, the squirrels, rabbits, and birds, were always busy collecting food, building nests, and having fun. But not Leonard. He preferred to just lounge in the sun, lazily watching the clouds drift across the sky.

One day, a squirrel named Emil decided he had had enough of seeing Leonard do nothing all day. He climbed up Leonard's tree and said, "Leonard, you really should find something to do. Life is too short to spend it doing nothing."

Leonard opened one eye, looked at Emil indifferently, then closed it again and went back to sleep. "Maybe later," he murmured.

But Emil didn't give up. He decided to help Leonard find an activity he would enjoy. He suggested playing hide and seek, having a tree-climbing race, or even going on a treasure hunt in the forest.

But with each suggestion, Leonard shook his head and said, "No thanks, I prefer just relaxing."

Emil was starting to lose hope when he had a brilliant idea. He knew that Leonard loved eating as much as he loved resting. So, he suggested that Leonard participate in a cooking contest. "You could show us your culinary skills and maybe even win a prize," he said enthusiastically.

Leonard was intrigued by this idea. He loved cooking and had often invented delicious recipes with the ingredients he found in the forest. Perhaps this was the perfect activity for him.

The cooking contest was held the next day, with all the animals in the forest bringing their tastiest dishes. There were hazelnut cakes, wild berry pies, and even mushroom soups.

Leonard got to work, preparing his specialty: an exotic fruit salad with a secret sauce.

When it came time to taste the dishes, all the animals gathered eagerly. Leonard brought his fruit salad and proudly placed it on the table.

The animals tasted the different dishes, discussing their flavors and textures. But when they tasted Leonard's fruit salad, their eyes lit up with wonder.

"This is delicious!" they all exclaimed in unison.

Leonard blushed with pleasure at so many compliments. He had rarely been so proud of himself. Maybe finding an activity he enjoyed was worth leaving his comfortable branch from time to time.

Le Son de la Pluie

Dans un petit village niché au cœur de la campagne française, vivait une jeune femme nommée Sophie. Sophie était une âme sensible, qui trouvait la beauté dans les petites choses de la vie. Elle aimait se promener dans les champs verdoyants, écouter le chant des oiseaux et sentir le parfum des fleurs dans l'air.

Mais un jour, le ciel s'assombrit et des nuages sombres s'amoncelèrent au-dessus du village. Les premières gouttes de pluie commencèrent à tomber, douces et légères comme des caresses. Sophie regarda par la fenêtre de sa petite maison et sentit son cœur se serrer d'une étrange mélancolie.

Elle aimait la pluie, avec son rythme apaisant et ses secrets murmurés à ceux qui savaient les écouter. Mais ce jour-là, elle ressentait quelque chose de différent, comme une tristesse qui semblait envelopper le monde entier.

Sophie enfila son manteau et sortit dans la pluie. Elle ferma les yeux et laissa les gouttes fraîches lui caresser le visage, écoutant le son doux et régulier de la pluie qui tombait.

Elle marcha sans but précis, laissant ses pieds la guider à travers les rues du village. Elle croisa des visages familiers, des sourires timides et des regards préoccupés. Mais personne ne semblait remarquer la tristesse qui pesait dans l'air, comme si chacun était perdu dans ses propres pensées.

Sophie continua son chemin jusqu'à ce qu'elle atteigne le bord de la rivière qui traversait le village. Le bruit de l'eau qui s'écoulait doucement la réconfortait, lui rappelant la constance et la force de la nature.

Elle s'assit sur un banc de pierre près de la rivière et ferma les yeux, laissant ses pensées vagabonder au gré du vent. Elle se souvint des jours heureux de son enfance, des jeux dans les champs avec ses amis et des rires qui résonnaient dans l'air.

Mais peu à peu, ces souvenirs se mêlèrent à d'autres, plus sombres et plus douloureux. Sophie se souvint de la perte de ses parents, de la solitude qui avait suivi et de la sensation de vide qui habitait son cœur depuis lors. Elle sentit les larmes monter à ses yeux et les laissa couler librement sur ses joues. Elle n'avait jamais pleuré devant personne, gardant sa douleur enfouie au plus profond d'elle-même. Mais ce jour-là, elle sentait le besoin urgent de libérer ces émotions qui l'étouffaient.

Et alors qu'elle pleurait dans la pluie, quelque chose d'incroyable se produisit. Elle sentit une main douce se poser sur son épaule, suivie d'une voix douce et chaleureuse qui murmura des mots de réconfort.

Sophie ouvrit les yeux et vit un vieil homme assis à côté d'elle, un sourire bienveillant illuminant son visage ridé. Il lui tendit un mouchoir en dentelle et lui dit d'une voix calme : "Il est normal de pleurer, ma chère. Les larmes sont le langage du cœur, et parfois, il est nécessaire de les laisser couler pour guérir."

Sophie se sentit submergée par la gentillesse du vieil homme. Elle sécha ses larmes et lui raconta son histoire, partageant ses peines et ses chagrins les plus profonds.

Le vieil homme l'écouta attentivement, sans jugement ni condamnation. Il lui parla de la vie, de ses hauts et de ses bas, et de la beauté qui se cache parfois derrière les moments les plus sombres.

Et peu à peu, Sophie sentit son cœur s'alléger, comme si un poids invisible avait été levé de ses épaules. Elle regarda autour d'elle, remarquant pour la première fois la beauté du monde qui l'entourait : les reflets chatoyants de l'eau, les feuilles brillantes sous la pluie et le chant des oiseaux qui annonçait l'arrivée imminente du printemps.

Elle sourit au vieil homme, reconnaissante pour sa présence réconfortante et ses paroles pleines de sagesse. Elle se leva du banc et prit sa main dans la sienne, sentant un lien spécial se former entre eux.

Et alors que la pluie continuait de tomber doucement autour d'eux, Sophie sentit son cœur se remplir d'une joie profonde et d'une gratitude infinie pour la vie et pour les rencontres inattendues qui illuminent notre chemin, même dans les jours les plus sombres.

23

The Sound of the Rain

In a small village nestled in the heart of the French countryside lived a young woman named Sophie. Sophie was a sensitive soul who found beauty in the little things of life. She loved walking in the green fields, listening to the birdsong, and smelling the scent of flowers in the air.

But one day, the sky darkened and dark clouds gathered above the village. The first drops of rain began to fall, soft and light like caresses. Sophie looked out the window of her small house and felt her heart tighten with a strange melancholy.

She loved the rain, with its soothing rhythm and its secrets whispered to those who knew how to listen. But that day, she felt something different, like a sadness that seemed to envelop the whole world.

Sophie put on her coat and stepped out into the rain. She closed her eyes and let the cool drops caress her face, listening to the soft and steady sound of the falling rain.

She walked without a specific destination, letting her feet guide her through the village streets. She passed familiar faces, shy smiles, and worried looks. But no one seemed to notice the sadness hanging in the air, as if everyone was lost in their own thoughts.

Sophie continued her journey until she reached the edge of the river that ran through the village. The sound of the gently flowing water comforted her, reminding her of the constancy and strength of nature.

She sat on a stone bench near the river and closed her eyes, letting her thoughts wander with the wind. She remembered the happy days of her childhood, playing in the fields with her friends and the laughter that echoed in the air.

But gradually, these memories mingled with others, darker and more painful. Sophie remembered the loss of her parents, the loneliness that followed, and the feeling of emptiness that had inhabited her heart ever since.

She felt tears welling up in her eyes and let them flow freely down her cheeks. She had never cried in front of anyone, keeping her pain buried deep within herself. But that day, she felt an urgent need to release these emotions that were suffocating her.

And as she cried in the rain, something incredible happened. She felt a soft hand rest on her shoulder, followed by a gentle and warm voice whispering words of comfort.

Sophie opened her eyes and saw an old man sitting beside her, a kind smile lighting up his wrinkled face. He handed her a lace handkerchief and said in a calm voice, "It is normal to cry, my dear. Tears are the language of the heart, and sometimes it is necessary to let them flow to heal."

Sophie was overwhelmed by the kindness of the old man. She wiped her tears and told him her story, sharing her deepest sorrows and pains.

The old man listened attentively, without judgment or condemnation. He spoke to her about life, its ups and downs, and the beauty that sometimes lies behind the darkest moments.

And gradually, Sophie felt her heart lighten, as if an invisible weight had been lifted from her shoulders. She looked around her, noticing for the first time the beauty of the world around her: the shimmering reflections of the water, the glistening leaves in the rain, and the birdsong that heralded the imminent arrival of spring.

She smiled at the old man, grateful for his comforting presence and his words full of wisdom. She stood up from the bench and took his hand in hers, feeling a special bond forming between them.

And as the rain continued to fall gently around them, Sophie felt her heart fill with deep joy and infinite gratitude for life and for the unexpected encounters that illuminate our path, even on the darkest days.

Le Jardin des Souvenirs

Dans un petit village niché au cœur des montagnes, vivait une femme nommée Isabelle. Isabelle était une femme simple, aux cheveux gris et aux yeux pétillants, qui aimait passer ses journées à cultiver son jardin.

Son jardin était son trésor, un havre de paix où elle cultivait toutes sortes de fleurs colorées et de plantes aromatiques. Chaque matin, Isabelle se réveillait tôt pour arroser ses plantes, en prenant soin de chacune avec amour.

Mais le véritable trésor d'Isabelle était un rosier, planté au centre de son jardin. C'était un rosier spécial, qui avait été planté par sa mère il y a de nombreuses années.

Chaque printemps, le rosier se couvrait de magnifiques roses rouges, embaumant l'air de leur parfum envoûtant. Pour Isabelle, ces roses étaient bien plus que de simples fleurs. Elles étaient le symbole de l'amour et du souvenir de sa mère.

Un jour, alors qu'elle arrosait son jardin, Isabelle entendit un bruit étrange venant du rosier. Elle s'approcha et découvrit une petite clé en argent accrochée à une branche.

Intriguée, Isabelle prit la clé entre ses mains tremblantes. Elle se demandait ce qu'elle pouvait bien ouvrir. Était-ce un coffre caché dans le jardin ? Ou peut-être une porte secrète menant à un monde magique ?

Déterminée à percer le mystère de la clé, Isabelle se mit en quête de la serrure correspondante. Elle parcourut chaque recoin de son jardin, inspectant chaque arbre et chaque buisson à la recherche d'une serrure cachée.

Finalement, après des heures de recherche, Isabelle trouva la serrure cachée sous une pierre près du rosier. Elle inséra la clé avec précaution et tourna lentement.

Un grincement doux se fit entendre, et soudain, une petite porte en bois apparut au pied du rosier. Isabelle ouvrit la porte avec précaution et découvrit un escalier en colimaçon menant sous terre.

Intriguée, Isabelle descendit prudemment les escaliers, se demandant ce qu'elle allait découvrir en bas. Elle arriva bientôt dans une petite chambre voûtée, éclairée par une lumière douce et dorée.

Au centre de la chambre se trouvait une grande malle en bois, recouverte de poussière et de toiles d'araignée. Isabelle s'approcha de la malle avec précaution et l'ouvrit lentement.

À l'intérieur, elle découvrit un trésor de souvenirs. Il y avait des photos jaunies, des lettres d'amour et des petits objets précieux, tous soigneusement rangés dans la malle depuis des années.

Isabelle prit un album photo et commença à feuilleter les pages avec émotion. Elle revit des souvenirs de son enfance, des moments heureux passés avec sa mère dans le jardin.

Les larmes aux yeux, Isabelle se remémora les histoires que sa mère lui racontait, les jeux qu'elles jouaient ensemble, et les moments de tendresse partagés autour du rosier.

Soudain, elle entendit un bruit derrière elle. Elle se retourna et vit une silhouette familière se dessiner dans l'ombre. C'était sa mère, jeune et belle comme dans ses souvenirs les plus chers.

Les yeux brillants de bonheur, Isabelle se jeta dans les bras de sa mère, laissant ses larmes couler librement. Elle savait que ce moment était magique, un cadeau précieux du jardin et de ses souvenirs.

Ensemble, mère et fille se remémorèrent les moments passés ensemble, savourant chaque instant comme s'il était le dernier. Et même lorsque le soleil se coucha sur l'horizon, leur amour brilla toujours aussi fort, éclairant le jardin de ses souvenirs pour l'éternité.

The Garden of Memories

In a small village nestled in the heart of the mountains lived a woman named Isabelle. Isabelle was a simple woman, with gray hair and sparkling eyes, who loved to spend her days tending to her garden.

Her garden was her treasure, a haven of peace where she cultivated all kinds of colorful flowers and aromatic plants. Every morning, Isabelle woke up early to water her plants, taking care of each one with love.

But Isabelle's true treasure was a rose bush, planted in the center of her garden. It was a special rose bush, planted by her mother many years ago. Every spring, the rose bush was covered with beautiful red roses, filling the air with their enchanting fragrance. For Isabelle, these roses were more than just flowers. They were a symbol of love and the memory of her mother.

One day, while watering her garden, Isabelle heard a strange noise coming from the rose bush. She approached and discovered a small silver key hanging from a branch.

Intrigued, Isabelle took the key in her trembling hands. She wondered what it could open. Was it a chest hidden in the garden? Or perhaps a secret door leading to a magical world?

Determined to unravel the mystery of the key, Isabelle set out to find the corresponding lock. She searched every corner of her garden, inspecting every tree and bush in search of a hidden lock.

Finally, after hours of searching, Isabelle found the lock hidden under a stone near the rose bush. She inserted the key carefully and turned it slowly.

A soft creaking sound was heard, and suddenly, a small wooden door appeared at the foot of the rose bush. Isabelle opened the door cautiously and discovered a spiral staircase leading underground.

Intrigued, Isabelle descended the stairs carefully, wondering what she would discover below. She soon arrived in a small vaulted room, illuminated by a soft golden light.

At the center of the room was a large wooden trunk, covered in dust and cobwebs. Isabelle approached the trunk cautiously and opened it slowly.

Inside, she found a treasure trove of memories. There were yellowed photos, love letters, and small precious objects, all carefully arranged in the trunk for years.

Isabelle took a photo album and began to flip through the pages with emotion. She relived memories of her childhood, happy moments spent with her mother in the garden.

Tears in her eyes, Isabelle remembered the stories her mother used to tell her, the games they played together, and the moments of tenderness shared around the rose bush.

Suddenly, she heard a noise behind her. She turned around and saw a familiar figure emerging from the shadows. It was her mother, young and beautiful as in her dearest memories.

Eyes shining with happiness, Isabelle threw herself into her mother's arms, letting her tears flow freely. She knew this moment was magical, a precious gift from the garden and her memories.

Together, mother and daughter reminisced about the moments they shared, savoring each moment as if it were the last. And even as the sun set on the horizon, their love still shone brightly, illuminating the garden of memories for eternity.

Le Vieux Pêcheur

Il était une fois, dans un petit village au bord de la mer, un vieux pêcheur. Chaque matin, il se levait avant l'aube et se rendait au bord de l'eau avec son petit bateau en bois. Il aimait la mer comme il aimait sa propre vie. Ses cheveux étaient blancs comme les vagues qui caressaient la plage, et ses yeux étaient bleus comme le ciel qui s'étendait à l'infini.

Chaque jour, le vieux pêcheur lançait ses filets dans l'eau salée, espérant attraper assez de poissons pour nourrir sa famille. Il ne demandait rien de plus à la vie que cela. Parfois, la mer était généreuse et lui offrait une abondance de poissons. D'autres fois, elle était avare, et il rentrait chez lui les mains vides.

Un jour, alors qu'il était assis sur son bateau, attendant patiemment que les poissons mordent à l'hameçon, il vit quelque chose briller sous la surface de l'eau. Intrigué, il plongea sa main dans l'océan et en sortit une bouteille en verre. À l'intérieur, il découvrit un message écrit sur un vieux parchemin jauni par le temps.

Le pêcheur déplia le parchemin et lut les mots écrits à l'encre noire : "Celui qui trouve cette bouteille est béni par la mer. Suivez l'étoile du nord et vous trouverez votre trésor."

Étonné par cette découverte, le vieux pêcheur regarda dans le ciel et repéra l'étoile du nord qui brillait au-dessus de lui. Sans hésiter, il leva les voiles de son bateau et se mit en route vers l'horizon lointain.

Pendant des jours et des nuits, il navigua sur les eaux tumultueuses, bravant les tempêtes et les vagues déchaînées. Mais malgré tous les obstacles, il continua à suivre l'étoile du nord, guidé par l'espoir de découvrir le trésor promis.

Enfin, après un long voyage, le vieux pêcheur arriva sur une île mystérieuse, recouverte de palmiers et baignée par le soleil. Il accosta sur la plage de sable blanc et se mit en quête du trésor tant convoité.

Après avoir cherché pendant des heures, il finit par découvrir une vieille cabane cachée sous les arbres. Intrigué, il s'approcha et poussa la porte grinçante. À l'intérieur, il trouva un coffre en bois orné de motifs dorés.

Le cœur battant d'excitation, le vieux pêcheur ouvrit le coffre et découvrit un trésor éblouissant de pièces d'or et de bijoux scintillants. Il était stupéfait par tant de richesse, mais au fond de son cœur, il savait que le plus grand trésor était celui de l'aventure et de la découverte.

Avec précaution, il prit seulement quelques pièces d'or pour lui assurer une vie confortable, puis referma le coffre et quitta l'île pour rentrer chez lui.

De retour dans son village, le vieux pêcheur partagea son incroyable histoire avec ses amis et sa famille. Ils étaient émerveillés par son récit et admiratifs de sa bravoure.

Et ainsi, le vieux pêcheur continua à naviguer sur les eaux bleues de la mer, avec l'étoile du nord comme guide et la promesse d'aventures futures pour éclairer son chemin.

The Old Fisherman

Once upon a time, in a small village by the sea, there was an old fisherman. Every morning, he would rise before dawn and make his way to the water's edge with his small wooden boat. He loved the sea as he loved his own life. His hair was as white as the waves that caressed the beach, and his eyes were as blue as the sky that stretched infinitely.

Every day, the old fisherman cast his nets into the salty water, hoping to catch enough fish to feed his family. He asked for nothing more from life than that. Sometimes, the sea was generous and provided him with an abundance of fish. Other times, it was stingy, and he returned home empty-handed.

One day, as he sat in his boat, patiently waiting for the fish to bite the hook, he saw something shining beneath the surface of the water. Intrigued, he plunged his hand into the ocean and pulled out a glass bottle. Inside, he discovered a message written on an old parchment yellowed with age.

The fisherman unfolded the parchment and read the words written in black ink: "He who finds this bottle is blessed by the sea. Follow the North Star and you will find your treasure."

Amazed by this discovery, the old fisherman looked up at the sky and spotted the North Star shining above him. Without hesitation, he raised the sails of his boat and set off towards the distant horizon.

For days and nights, he sailed on the tumultuous waters, braving storms and raging waves. But despite all the obstacles, he continued to follow the North Star, guided by the hope of discovering the promised treasure. Finally, after a long journey, the old fisherman arrived at a mysterious island, covered with palm trees and bathed in sunlight. He landed on the beach of white sand and set out in search of the coveted treasure.

After searching for hours, he finally discovered an old hut hidden among the trees. Intrigued, he approached and pushed open the creaking door. Inside, he found a wooden chest adorned with golden motifs.

With excitement pounding in his heart, the old fisherman opened the chest and discovered a dazzling treasure of gold coins and sparkling jewels. He was stunned by such wealth, but deep in his heart, he knew that the greatest treasure was that of adventure and discovery.

Carefully, he took only a few gold coins to ensure himself a comfortable life, then closed the chest and left the island to return home.

Back in his village, the old fisherman shared his incredible story with his friends and family. They were amazed by his tale and admired his bravery. And so, the old fisherman continued to sail the blue waters of the sea, with the North Star as his guide and the promise of future adventures to light his way.

Le Mystère de la Boîte à Musique

Il était une fois, dans un petit village au bord de la rivière, vivait une jeune femme nommée Camille. Camille était une rêveuse qui aimait explorer les coins les plus reculés de son village.

Un jour, alors qu'elle se promenait le long de la rivière, elle découvrit une vieille boîte en bois cachée sous un pont. Intriguée, elle l'ouvrit et fut surprise de trouver une petite boîte à musique à l'intérieur.

La boîte à musique était magnifique, avec des motifs de fleurs et d'oiseaux sculptés à la main. Camille en était émerveillée. Elle tourna la clé et écouta la douce mélodie qui s'échappait de la boîte.

Soudain, elle entendit une voix derrière elle. C'était un vieil homme avec des lunettes rondes et un sourire malicieux.

"Tu as trouvé ma boîte à musique, jeune fille", dit-il en s'approchant. "Elle a un pouvoir spécial. Elle peut réaliser n'importe quel vœu, mais seulement une fois."

Camille le regarda, étonnée. "Vraiment ? C'est incroyable !"

L'homme hocha la tête. "Oui, mais tu dois utiliser ce pouvoir avec précaution. Les vœux peuvent parfois avoir des conséquences inattendues."

Camille hocha la tête, comprenant. Elle remercia l'homme et prit la boîte à musique avec elle. Elle avait hâte de rentrer chez elle pour essayer son nouveau pouvoir.

Une fois rentrée chez elle, Camille s'assit sur son lit et regarda la boîte à musique avec excitation. Elle se demandait quel vœu elle allait formuler.

Finalement, après avoir réfléchi un moment, elle tourna la clé et dit : "Je souhaite avoir une paire de chaussures magiques qui me permettront de voyager dans le monde entier."

À peine avait-elle fini de prononcer son vœu que la boîte à musique s'illumina d'une lumière éclatante. Puis, dans un tourbillon de magie, une paire de chaussures dorées apparut devant elle.

Camille les prit avec émerveillement. Elles étaient magnifiques, avec des ailes d'ange sur les côtés. Elle les enfila et se sentit immédiatement légère comme une plume.

Elle sauta de joie et sortit de chez elle pour tester ses nouvelles chaussures. Elle se mit à courir le long de la rivière, se sentant libre et heureuse.

Elle courut si vite que bientôt elle se retrouva devant une grande montagne. Elle regarda les sommets enneigés avec émerveillement. Puis, sans hésiter, elle sauta dans les airs et s'envola vers le sommet.

Elle vola au-dessus des nuages, découvrant des paysages magnifiques et des endroits qu'elle n'avait jamais vus auparavant. Elle se sentait libre et vivante, comme si rien ne pouvait l'arrêter.

Le lendemain, Camille se réveilla avec une idée en tête. Elle avait décidé d'utiliser sa boîte à musique pour réaliser un autre vœu.

Elle s'assit sur son lit, prit la boîte à musique et tourna la clé. "Je souhaite avoir un livre magique qui me permettra de connaître toutes les langues du monde."

Une fois de plus, la boîte à musique s'illumina et un livre épais apparut devant elle. Elle l'ouvrit et vit des mots écrits dans toutes les langues imaginables.

Camille sourit de joie. Elle savait que ce livre lui serait très utile dans ses voyages futurs. Elle le rangea avec soin dans son sac et se mit en route pour découvrir de nouveaux horizons.

The Mystery of the Music Box

Once upon a time, in a small village by the river, lived a young woman named Camille. Camille was a dreamer who loved to explore the remotest corners of her village.

One day, as she walked along the river, she discovered an old wooden box hidden under a bridge. Intrigued, she opened it and was surprised to find a small music box inside.

The music box was beautiful, with hand-carved flower and bird motifs. Camille was amazed. She wound the key and listened to the sweet melody emanating from the box.

Suddenly, she heard a voice behind her. It was an old man with round glasses and a mischievous smile.

"You've found my music box, young lady," he said, approaching. "It has a special power. It can grant any wish, but only once."

Camille looked at him, astonished. "Really? That's incredible!"

The man nodded. "Yes, but you must use this power carefully. Wishes can sometimes have unexpected consequences."

Camille nodded, understanding. She thanked the man and took the music box with her. She couldn't wait to go home and try out her new power.

Once back home, Camille sat on her bed and looked at the music box with excitement. She wondered what wish she would make.

Finally, after thinking for a moment, she wound the key and said, "I wish for a pair of magical shoes that will allow me to travel around the world."

Hardly had she finished uttering her wish when the music box lit up with a bright light. Then, in a whirlwind of magic, a pair of golden shoes appeared before her.

Camille took them with wonder. They were beautiful, with angel wings on the sides. She put them on and immediately felt as light as a feather.

She jumped for joy and ran out of her house to test her new shoes. She started running along the river, feeling free and happy.

She ran so fast that soon she found herself in front of a tall mountain. She looked at the snowy peaks in amazement. Then, without hesitation, she jumped into the air and flew towards the summit.

She flew above the clouds, discovering beautiful landscapes and places she had never seen before. She felt free and alive, as if nothing could stop her.

The next day, Camille woke up with an idea in mind. She had decided to use her music box to make another wish.

She sat on her bed, took out the music box, and wound the key. "I wish for a magic book that will allow me to know all the languages of the world."

Once again, the music box lit up and a thick book appeared before her. She opened it and saw words written in every imaginable language.

Camille smiled with joy. She knew that this book would be very useful to her in her future travels. She carefully put it in her bag and set off to discover new horizons.

Une Journée à la Campagne

Il était une fois, dans un petit village au cœur de la campagne française, un homme du nom de Jacques. Jacques était un fermier qui aimait la tranquillité des champs et la douceur de la nature. Chaque jour, il se levait tôt pour travailler dans ses champs, cultivant des légumes et élevant des animaux.

Un matin, alors que le soleil se levait à l'horizon, Jacques décida de faire une pause dans son travail et de partir explorer la campagne. Il enfila ses bottes, prit son chapeau de paille et sortit de sa ferme, respirant l'air frais du matin.

Il se promena à travers les champs verdoyants, admirant les fleurs sauvages qui poussaient le long des sentiers et écoutant le chant des oiseaux dans les arbres. Il se sentait en paix, loin du bruit et de l'agitation de la ville.

Alors qu'il se promenait, Jacques arriva près d'une petite rivière qui serpentait à travers les collines. L'eau était claire et fraîche, et il entendait le doux murmure des vagues contre les pierres.

Intrigué, Jacques décida de s'approcher de la rivière et de s'asseoir sur ses rives. Il laissa ses pieds tremper dans l'eau froide et ferma les yeux, laissant ses pensées vagabonder au gré du courant.

Continuant sa promenade, Jacques arriva bientôt à une clairière paisible au milieu de la forêt. Les rayons du soleil filtraient à travers les arbres, créant des jeux d'ombres et de lumière sur le sol.

Il s'assit sous un arbre et sortit son carnet de croquis. Avec son crayon, il commença à dessiner les paysages qui l'entouraient, capturant la beauté de la nature dans ses pages blanches.

Alors qu'il dessinait, Jacques entendit soudain un bruit familier au loin. C'était le son des cloches d'une petite église du village voisin, qui annonçaient le début de la messe du dimanche.

Jacques traversa la forêt et arriva bientôt devant la vieille église en pierre, dont la porte était grande ouverte.

À l'intérieur, il trouva les habitants du village réunis pour célébrer leur foi. Il s'assit à l'arrière de l'église et écouta les paroles réconfortantes du prêtre, qui parlaient d'amour, de pardon et d'espoir.

Après la messe, Jacques sortit de l'église et se retrouva sous le soleil chaud du midi. Il respira profondément l'air frais et se sentit reconnaissant pour cette journée passée à profiter de la beauté simple de la campagne.

A Day in the Countryside

Once upon a time, in a small village in the heart of the French countryside, there was a man named Jacques. Jacques was a farmer who loved the tranquility of the fields and the gentle beauty of nature. Every day, he would wake up early to work in his fields, growing vegetables and raising animals.

One morning, as the sun rose on the horizon, Jacques decided to take a break from his work and explore the countryside. He put on his boots, grabbed his straw hat, and stepped out of his farm, breathing in the fresh morning air.

He walked through the lush green fields, admiring the wildflowers growing along the paths and listening to the birds singing in the trees. He felt at peace, far from the noise and bustle of the city.

As he walked, Jacques arrived near a small river winding through the hills. The water was clear and cool, and he could hear the gentle murmur of the waves against the stones.

Intrigued, Jacques decided to approach the river and sit on its banks. He let his feet soak in the cold water and closed his eyes, letting his thoughts wander with the current.

Continuing his walk, Jacques soon arrived at a peaceful clearing in the middle of the forest. The sun's rays filtered through the trees, creating patterns of light and shadow on the ground.

He sat under a tree and took out his sketchbook. With his pencil, he began to draw the landscapes around him, capturing the beauty of nature on his blank pages.

As he drew, Jacques suddenly heard a familiar sound in the distance. It was the sound of the bells of a small church in the nearby village, announcing the start of Sunday mass.

Jacques walked through the forest and soon arrived at the old stone church, its door wide open.

Inside, he found the villagers gathered to celebrate their faith. He sat at the back of the church and listened to the comforting words of the priest, speaking of love, forgiveness, and hope.

After mass, Jacques stepped out of the church and found himself under the warm midday sun. He breathed in the fresh air deeply and felt grateful for this day spent enjoying the simple beauty of the countryside.

La Boulangerie de Madame Dupont

Dans un petit village français, au cœur des collines verdoyantes, se trouvait une boulangerie pittoresque appartenant à une femme du nom de Madame Dupont. La boulangerie était réputée dans tout le village pour ses délicieux pains et ses pâtisseries exquises.

Madame Dupont était une femme douce et accueillante, toujours prête à offrir un sourire chaleureux à ses clients. Chaque matin, elle se levait avant l'aube pour pétrir la pâte, mélanger les ingrédients et enfourner les pains.

Un jour, un étranger mystérieux arriva au village. Il s'appelait Monsieur Reynard et prétendait être un expert en pâtisserie. Il portait un chapeau haut-de-forme et une veste en velours sombre, et ses yeux brillaient d'une lueur énigmatique.

Monsieur Reynard se rendit directement à la boulangerie de Madame Dupont et demanda à parler à la propriétaire. Quand Madame Dupont le vit, elle lui sourit poliment et lui demanda ce qu'elle pouvait faire pour lui.

"Monsieur Reynard, à votre service, madame," dit l'étranger avec un sourire charmant. "J'ai entendu parler de votre réputation en tant que boulangère exceptionnelle, et je suis venu vous proposer un partenariat."

Madame Dupont était intriguée. "Un partenariat ? Pourquoi donc ?"

Monsieur Reynard inclina la tête. "Je suis un pâtissier renommé, et je pense que nos talents combinés pourraient créer quelque chose d'extraordinaire. Ensemble, nous pourrions transformer votre boulangerie en une destination incontournable pour les gourmets du monde entier."

Madame Dupont était sceptique. Elle avait toujours dirigé sa boulangerie de manière traditionnelle, en suivant les recettes de sa grand-mère avec amour et dévouement. Mais quelque chose dans le regard brillant de Monsieur Reynard la fit hésiter.

Finalement, elle accepta de donner une chance à ce partenariat. Pendant plusieurs semaines, Madame Dupont et Monsieur Reynard travaillèrent côte à côte dans la boulangerie, expérimentant de nouvelles recettes et créant des pâtisseries innovantes.

Les clients affluaient de toutes parts pour goûter aux créations uniques de la boulangerie de Madame Dupont. Les pains étaient plus moelleux, les croissants plus croustillants, et les gâteaux plus savoureux que jamais.

Cependant, malgré le succès de leur partenariat, Madame Dupont commença à remarquer un changement subtil chez Monsieur Reynard. Il devenait de plus en plus distant et secret, et il passait de moins en moins de temps à travailler avec elle dans la boulangerie.

Un jour, alors qu'elle rentrait chez elle après une longue journée de travail, Madame Dupont trouva une lettre posée sur le comptoir de la boulangerie. C'était une lettre de Monsieur Reynard, dans laquelle il expliquait qu'il devait partir précipitamment pour affaires et qu'il ne reviendrait jamais.

Madame Dupont sentit son cœur se serrer de chagrin. Elle avait cru en Monsieur Reynard et lui avait ouvert son cœur et sa boulangerie, et il l'avait trahie en disparaissant sans un mot d'explication.

Pendant plusieurs jours, Madame Dupont se sentit désemparée. Elle ne savait pas comment continuer sans l'aide de Monsieur Reynard, et elle craignait que sa boulangerie ne périclite sans lui.

Mais bientôt, elle se souvint des paroles de sa grand-mère : "Quand la vie vous donne des citrons, faites-en de la limonade." Elle décida donc de reprendre les rênes de sa boulangerie et de continuer à créer des délices pour ses fidèles clients.

Et alors que les jours passaient, Madame Dupont découvrit qu'elle était plus forte et plus créative qu'elle ne l'avait jamais imaginé. Elle expérimenta de nouvelles recettes, ajoutant sa touche personnelle à chaque création.

Bientôt, la boulangerie de Madame Dupont retrouva sa renommée d'antan. Et bien que Monsieur Reynard fût parti, son héritage perdura à travers les délicieuses pâtisseries que Madame Dupont continuait à créer avec passion et détermination.

45

Madame Dupont's Bakery

In a small French village, nestled in the heart of green hills, there was a picturesque bakery owned by a woman named Madame Dupont. The bakery was renowned throughout the village for its delicious bread and exquisite pastries.

Madame Dupont was a gentle and welcoming woman, always ready to offer a warm smile to her customers. Every morning, she would rise before dawn to knead the dough, mix the ingredients, and bake the bread.

One day, a mysterious stranger arrived in the village. His name was Monsieur Reynard, and he claimed to be a pastry expert. He wore a top hat and a dark velvet jacket, and his eyes sparkled with an enigmatic gleam.

Monsieur Reynard went straight to Madame Dupont's bakery and asked to speak to the owner. When Madame Dupont saw him, she smiled politely and asked what she could do for him.

"Monsieur Reynard, at your service, madame," said the stranger with a charming smile. "I have heard of your reputation as an exceptional baker, and I have come to offer you a partnership."

Madame Dupont was intrigued. "A partnership? Why?"

Monsieur Reynard nodded. "I am a renowned pastry chef, and I believe that our combined talents could create something extraordinary. Together, we could transform your bakery into a must-visit destination for gourmets from around the world."

Madame Dupont was skeptical. She had always run her bakery in a traditional manner, following her grandmother's recipes with love and dedication. But something in Monsieur Reynard's shining eyes made her hesitate.

In the end, she agreed to give this partnership a chance. For several weeks, Madame Dupont and Monsieur Reynard worked side by side in the bakery, experimenting with new recipes and creating innovative pastries.

Customers flocked from all over to taste the unique creations of Madame Dupont's bakery. The bread was softer, the croissants were crispier, and the cakes were more delicious than ever.

However, despite the success of their partnership, Madame Dupont began to notice a subtle change in Monsieur Reynard. He grew increasingly distant and secretive, and he spent less and less time working with her in the bakery.

One day, as she was returning home after a long day of work, Madame Dupont found a letter lying on the bakery counter. It was a letter from Monsieur Reynard, explaining that he had to leave suddenly for business and would never return.

Madame Dupont felt her heart tighten with sorrow. She had believed in Monsieur Reynard and had opened her heart and her bakery to him, and he had betrayed her by disappearing without a word of explanation.

For several days, Madame Dupont felt at a loss. She did not know how to continue without Monsieur Reynard's help, and she feared that her bakery would perish without him.

But soon, she remembered her grandmother's words: "When life gives you lemons, make lemonade." So she decided to take back control of her bakery and continue to create delights for her loyal customers.

And as the days passed, Madame Dupont discovered that she was stronger and more creative than she had ever imagined. She experimented with new recipes, adding her personal touch to each creation.

Soon, Madame Dupont's bakery regained its former renown. And although Monsieur Reynard was gone, his legacy lived on through the delicious pastries that Madame Dupont continued to create with passion and determination.

Le Lutin et le Lait

Il était une fois, dans un petit village niché au creux des montagnes, un lutin malicieux nommé Pierre. Pierre était connu pour ses farces et ses espiègleries, mais surtout pour son amour pour le lait frais.

Chaque nuit, Pierre se faufilait dans la laiterie du village et se servait généreusement de la précieuse boisson lactée. Il ne laissait aucune trace derrière lui, si bien que les habitants du village ne pouvaient que deviner qui était le voleur nocturne.

Un jour, une jeune fermière du nom de Sophie décida de percer le mystère du voleur de lait. Elle se cacha près de la laiterie, attendant patiemment que la nuit tombe. Bientôt, elle entendit des bruits furtifs et vit une petite silhouette se glisser par la fenêtre.

Sophie saisit discrètement une lanterne et se faufila derrière le lutin, qui était bien trop occupé à se délecter du précieux lait pour remarquer sa présence. D'un geste rapide, elle alluma la lanterne et éclaira le visage surpris de Pierre.

"Ah, te voilà enfin, petit coquin !" dit Sophie d'un ton ferme mais doux.

Pierre, pris au dépourvu, laissa tomber sa tasse de lait et regarda Sophie avec des yeux ronds comme des soucoupes.

"Mais que fais-tu ici ?" demanda-t-il, sa voix tremblotante de peur d'être puni.

Sophie sourit gentiment. "Je suis Sophie, la fermière du village. Et toi, qui es-tu ?"

Le lutin, se sentant un peu moins nerveux, se présenta. "Je suis Pierre, le lutin du lait. Je ne voulais pas faire de mal, je voulais juste un peu de lait frais."

Sophie pouffa de rire. "Eh bien, Pierre, tu n'as pas besoin de voler pour avoir du lait frais. Viens avec moi à la ferme, et je te donnerai autant de lait que tu veux, en échange de ton aide."

Les yeux de Pierre s'illuminèrent de joie. "Vraiment ? Tu ne me gronderas pas ?"

Sophie secoua la tête. "Non, bien sûr que non. Mais à une condition : tu dois arrêter de voler le lait de la laiterie."

Pierre hocha la tête avec enthousiasme. "D'accord, c'est un marché !"

Et ainsi commença une étrange amitié entre Sophie et Pierre. Chaque jour, Pierre aidait Sophie à traire les vaches et à s'occuper de la ferme, en échange d'une généreuse portion de lait frais. Les habitants du village étaient émerveillés de voir le lutin si travailleur et si aimable.

Mais un jour, une terrible sécheresse frappa la région. Les champs de Sophie se desséchaient, et les vaches ne donnaient plus de lait. Le village tout entier était plongé dans la tristesse et l'inquiétude.

Pierre, voyant la peine de Sophie, décida de faire quelque chose pour l'aider. Il se rendit dans la forêt enchantée, où résidait le roi des elfes, et lui demanda de l'aide.

Le roi des elfes, touché par la gentillesse de Pierre envers Sophie, décida d'intervenir. Il envoya une pluie douce et bienfaisante sur le village, qui revitalisa les champs de Sophie et fit jaillir le lait des vaches.

Depuis ce jour-là, Pierre ne fut plus jamais considéré comme un simple lutin farceur. Il était devenu le héros du village, aimé et respecté de tous.

Et chaque fois que quelqu'un prenait une gorgée de lait frais, il se rappelait l'histoire du lutin qui avait apporté la pluie et le bonheur dans leur vie.

The Elf and the Milk

Once upon a time, in a small village nestled in the mountains, there was a mischievous elf named Pierre. Pierre was known for his pranks and mischief, but most of all for his love of fresh milk.

Every night, Pierre would sneak into the village dairy and help himself generously to the precious milky drink. He left no trace behind, so the villagers could only guess who the nocturnal thief was.

One day, a young farmer named Sophie decided to uncover the mystery of the milk thief. She hid near the dairy, patiently waiting for nightfall. Soon, she heard furtive noises and saw a small silhouette slipping through the window.

Sophie quietly grabbed a lantern and crept up behind the elf, who was too busy indulging in the precious milk to notice her presence. With a swift motion, she lit the lantern and illuminated Pierre's surprised face.

"Ah, there you are, you little rascal!" said Sophie in a firm but gentle tone. Pierre, taken aback, dropped his milk cup and looked at Sophie with eyes as wide as saucers.

"What are you doing here?" he asked, his voice trembling with fear of being punished.

Sophie smiled kindly. "I'm Sophie, the village farmer. And you, who are you?"

The elf, feeling a little less nervous, introduced himself. "I am Pierre, the milk elf. I didn't mean any harm, I just wanted some fresh milk."

Sophie chuckled. "Well, Pierre, you don't need to steal to get fresh milk. Come with me to the farm, and I'll give you as much milk as you want, in exchange for your help."

Pierre's eyes lit up with joy. "Really? You won't scold me?"

Sophie shook her head. "No, of course not. But on one condition: you must stop stealing milk from the dairy."

Pierre nodded enthusiastically. "Agreed, it's a deal!"

And so began a strange friendship between Sophie and Pierre. Every day, Pierre helped Sophie milk the cows and take care of the farm, in exchange for a generous portion of fresh milk. The villagers were amazed to see the elf so hardworking and kind.

But one day, a terrible drought struck the region. Sophie's fields dried up, and the cows stopped giving milk. The whole village was plunged into sadness and worry.

Pierre, seeing Sophie's sorrow, decided to do something to help. He went to the enchanted forest, where the king of the elves resided, and asked for help.

Touched by Pierre's kindness towards Sophie, the king of the elves decided to intervene. He sent a gentle and benevolent rain over the village, which revitalized Sophie's fields and made the milk flow from the cows.

From that day on, Pierre was no longer seen as just a mischievous elf. He had become the hero of the village, loved and respected by all.

And every time someone took a sip of fresh milk, they remembered the story of the elf who brought rain and happiness into their lives.

Le Mystère de la Plage Abandonnée

Sur la côte sauvage de la Bretagne, une plage déserte s'étendait à perte de vue. Le sable fin était balayé par le vent marin, tandis que les vagues déferlaient doucement sur le rivage.

Un jour d'été, alors que le soleil brillait haut dans le ciel, une jeune femme nommée Emma décida de passer la journée à la plage. Elle aimait la tranquillité de cet endroit isolé, loin de l'agitation de la ville.

En arrivant sur la plage, Emma fut frappée par la beauté sauvage qui l'entourait. Le ciel était d'un bleu éclatant, les mouettes volaient haut dans le ciel, et le bruit apaisant des vagues remplissait l'air.

Emma s'installa confortablement sur une serviette, savourant le soleil chaud sur sa peau. Elle ferma les yeux et écouta le doux murmure de la mer, laissant ses pensées vagabonder au gré du vent.

Alors qu'elle se détendait, Emma remarqua quelque chose d'étrange au loin sur la plage. C'était une vieille cabane en bois, cachée derrière un amas de rochers.

Intriguée, Emma décida d'explorer la cabane abandonnée. Elle se leva de sa serviette et se dirigea vers l'édifice en bois, le cœur battant d'excitation.

En s'approchant, elle remarqua que la cabane était en mauvais état, ses murs recouverts de végétation et ses fenêtres brisées. Pourtant, il y avait quelque chose d'attirant dans son apparence délabrée, quelque chose qui semblait appeler Emma à l'intérieur.

Avec prudence, elle poussa la porte grinçante de la cabane et entra à l'intérieur. Une odeur de moisi et de sel de mer emplissait l'air, rendant l'atmosphère encore plus mystérieuse.

Emma examina chaque coin de la cabane, scrutant chaque recoin à la recherche d'indices. C'est alors qu'elle remarqua quelque chose d'étrange : un vieux coffre en bois, caché sous une pile de vieux draps et de coquillages.

Avec hésitation, Emma ouvrit lentement le coffre, révélant son contenu mystérieux. À l'intérieur, elle trouva une carte au trésor, jaunie par le temps, et un pendentif en argent étincelant.

Emma prit la carte entre ses mains tremblantes et l'examina attentivement. Elle montrait l'emplacement d'un trésor caché quelque part sur la plage, un trésor qui avait été perdu depuis des années.

Déterminée à trouver le trésor, Emma se remit en route, suivant les indications de la carte avec détermination. Elle marcha le long de la plage, scrutant chaque rocher et chaque bosquet à la recherche du trésor caché.

Finalement, elle arriva devant un vieux phare abandonné, perché sur une falaise rocheuse surplombant la mer. La lumière du soleil brillait à travers les fenêtres brisées, illuminant la scène d'une lueur dorée.

Convaincue que le trésor devait être caché quelque part près du phare, Emma commença à chercher frénétiquement. Elle inspecta chaque pierre et chaque recoin, son cœur battant la chamade à chaque nouvelle découverte.

Soudain, elle entendit un bruit sourd venant du sol. Intriguée, elle s'agenouilla et commença à creuser frénétiquement sous ses pieds. À sa grande surprise, elle finit par découvrir une petite boîte en métal rouillé, dissimulée sous le sable.

Avec précaution, Emma ouvrit la boîte et découvrit son contenu : des pièces d'or étincelantes, des bijoux précieux et une lettre jaunie par le temps.

Les yeux brillants d'excitation, Emma prit la lettre entre ses mains tremblantes et la lut attentivement. Elle parlait de l'histoire du phare abandonné, de marins perdus en mer et de trésors cachés sous les vagues tumultueuses.

Émue par cette découverte, Emma replaça soigneusement la lettre dans la boîte et la referma. Avec le trésor en main, elle retourna à sa serviette sur la plage, son cœur léger et son esprit rempli d'aventure.

The Mystery of the Abandoned Beach

On the wild coast of Brittany, a deserted beach stretched as far as the eye could see. The fine sand was swept by the sea breeze, while the waves gently crashed onto the shore.

One summer day, as the sun shone high in the sky, a young woman named Emma decided to spend the day at the beach. She loved the tranquility of this isolated place, far from the hustle and bustle of the city. Upon arriving at the beach, Emma was struck by the wild beauty that surrounded her. The sky was a bright blue, seagulls soared high in the sky, and the soothing sound of the waves filled the air.

Emma settled comfortably on a towel, savoring the warm sun on her skin. She closed her eyes and listened to the gentle murmur of the sea, letting her thoughts wander with the wind.

As she relaxed, Emma noticed something strange in the distance on the beach. It was an old wooden cabin, hidden behind a cluster of rocks.

Intrigued, Emma decided to explore the abandoned cabin. She got up from her towel and made her way to the wooden structure, her heart pounding with excitement.

As she approached, she noticed that the cabin was in poor condition, its walls covered in vegetation and its windows broken. Yet, there was something appealing about its dilapidated appearance, something that seemed to call Emma inside.

With caution, she pushed open the creaky door of the cabin and stepped inside. A smell of dampness and sea salt filled the air, making the atmosphere even more mysterious.

Emma examined every corner of the cabin, scrutinizing every nook and cranny for clues. That's when she noticed something strange: an old wooden chest, hidden under a pile of old sheets and seashells.

With hesitation, Emma slowly opened the chest, revealing its mysterious contents. Inside, she found a treasure map, yellowed with age, and a sparkling silver pendant.

Emma took the map in her trembling hands and studied it carefully. It showed the location of a hidden treasure somewhere on the beach, a treasure that had been lost for years.

Determined to find the treasure, Emma set off again, following the clues on the map with determination. She walked along the beach, scrutinizing every rock and every bush in search of the hidden treasure.

Eventually, she arrived at an old abandoned lighthouse, perched on a rocky cliff overlooking the sea. The sunlight shone through the broken windows, illuminating the scene with a golden glow.

Convinced that the treasure must be hidden somewhere near the lighthouse, Emma began to search frantically. She inspected every stone and every corner, her heart pounding with excitement with each new discovery.

Suddenly, she heard a muffled noise coming from the ground. Intrigued, she knelt down and began to dig frantically beneath her feet. To her great surprise, she eventually uncovered a small rusty metal box, buried in the sand.

With caution, Emma opened the box and discovered its contents: sparkling gold coins, precious jewels, and a letter yellowed with age.

Eyes shining with excitement, Emma took the letter in her trembling hands and read it carefully. It spoke of the history of the abandoned lighthouse, of sailors lost at sea, and of treasures hidden beneath the tumultuous waves.

Moved by this discovery, Emma carefully placed the letter back in the box and closed it. With the treasure in hand, she returned to her towel on the beach, her heart light and her mind filled with adventure.

L'Obscurité de l'Hiver

Il était une fois, dans un petit village enclavé au cœur des montagnes, une atmosphère de mystère et de secret régnait pendant les longs mois d'hiver. Les habitants du village vivaient dans l'ombre des sommets enneigés, leurs maisons éclairées par la lueur vacillante des lampes à huile. Au centre du village se dressait une vieille auberge en bois, où les voyageurs égarés trouvaient refuge des rigueurs de l'hiver. L'auberge était tenue par un homme taciturne du nom de Jacques, dont le regard sombre semblait dissimuler de nombreux secrets.

Un soir glacial de janvier, un étranger mystérieux arriva à l'auberge, son manteau sombre et son chapeau rabattu dissimulant son visage. Il demanda une chambre pour la nuit et s'installa à une table isolée dans un coin sombre de la salle commune.

Jacques observa l'étranger avec méfiance, ses pensées se perdant dans les souvenirs sombres de son passé. Il se demanda ce qui poussait cet homme à voyager seul dans les montagnes inhospitalières en plein hiver.

Pendant plusieurs jours, l'étranger resta à l'auberge, gardant ses secrets pour lui-même et évitant toute conversation avec les autres clients. Mais chaque nuit, Jacques pouvait sentir son regard pesant sur lui, comme s'il cherchait quelque chose de caché dans les profondeurs de son âme.

Un matin, alors que la neige tombait en tourbillonnant à l'extérieur, l'étranger se leva de bonne heure et quitta l'auberge sans un mot d'adieu. Jacques regarda par la fenêtre alors que l'homme disparaissait dans les tourbillons de neige, se demandant ce qui l'avait amené dans ce village isolé et ce qu'il emportait avec lui.

Des semaines passèrent, et la vie au village reprit son cours habituel. Mais Jacques ne pouvait se défaire du sentiment que quelque chose n'allait pas. Il avait l'impression que l'ombre de l'étranger planait toujours sur l'auberge, comme un spectre venu hanter les longues nuits d'hiver.

Un soir, alors qu'une tempête de neige faisait rage à l'extérieur, un vieil ami de Jacques arriva à l'auberge. Il s'appelait Pierre et il avait grandi avec Jacques dans ce village isolé.

Ensemble, Jacques et Pierre se remémorèrent les souvenirs de leur jeunesse, évoquant des histoires de chasse dans les forêts sombres et de fêtes autour du feu. Mais même dans les moments de joie, il y avait toujours une ombre qui planait au-dessus d'eux, comme un présage sinistre de ce qui allait venir.

Alors que la nuit avançait, Jacques sentit le poids de ses secrets peser lourdement sur lui. Il savait qu'il devait confesser la vérité à Pierre, même si cela signifiait affronter les démons de son passé.

Il se leva de sa chaise, son cœur battant fort dans sa poitrine, et commença à raconter l'histoire de l'étranger mystérieux qui avait séjourné à l'auberge cet hiver-là.

Il parla des sombres secrets qui avaient hanté son passé, des choix difficiles qu'il avait dû faire pour protéger ceux qu'il aimait. Et il parla de l'étranger, dont le regard semblait percer à travers les couches de mensonges et de tromperies pour révéler la vérité cachée au fond de son cœur.

Pierre écouta en silence, son visage impassible alors qu'il absorbait les révélations de son ami. Puis, lentement, il se leva de sa chaise et se dirigea vers la porte, ses bottes craquant sur le sol gelé.

"Viens avec moi, Jacques," dit-il d'une voix calme mais ferme. "Il est temps de faire face à nos démons ensemble."

Jacques hocha la tête, sentant un poids se soulever de ses épaules alors qu'il suivait Pierre dans la nuit froide et sombre.

Ils marchèrent côte à côte à travers les rues enneigées du village, leurs pas résonnant dans le silence de la nuit. Et alors que la tempête faisait rage autour d'eux, ils firent face à l'obscurité de l'hiver avec courage et détermination, prêts à affronter les secrets de leur passé et à trouver la lumière dans les ténèbres.

The Darkness of Winter

Once upon a time, in a small village nestled in the heart of the mountains, an atmosphere of mystery and secrecy prevailed during the long winter months. The villagers lived in the shadow of the snow-capped peaks, their houses illuminated by the flickering light of oil lamps.

At the center of the village stood an old wooden inn, where lost travelers found refuge from the harshness of winter. The inn was run by a taciturn man named Jacques, whose dark gaze seemed to conceal many secrets.

One chilly January evening, a mysterious stranger arrived at the inn, his dark coat and pulled-down hat obscuring his face. He requested a room for the night and settled at an isolated table in a dim corner of the common room.

Jacques watched the stranger warily, his thoughts drifting to the dark memories of his past. He wondered what brought this man to travel alone in the inhospitable mountains in the midst of winter.

For several days, the stranger stayed at the inn, keeping his secrets to himself and avoiding any conversation with the other guests. But every night, Jacques could feel his heavy gaze upon him, as if searching for something hidden deep within his soul.

One morning, as snow fell swirling outside, the stranger rose early and left the inn without a word of farewell. Jacques watched from the window as the man disappeared into the swirling snowflakes, wondering what had brought him to this isolated village and what he took with him.

Weeks passed, and life in the village resumed its usual course. But Jacques couldn't shake the feeling that something was amiss. He felt as though the shadow of the stranger still loomed over the inn, like a specter come to haunt the long winter nights.

One evening, as a snowstorm raged outside, an old friend of Jacques arrived at the inn. His name was Pierre, and he had grown up with Jacques in this isolated village.

Together, Jacques and Pierre reminisced about memories of their youth, recalling stories of hunting in the dark forests and feasting around the fire. But even in moments of joy, there was always a shadow hanging over them, like a sinister omen of what was to come.

As the night wore on, Jacques felt the weight of his secrets heavy upon him. He knew he had to confess the truth to Pierre, even if it meant facing the demons of his past.

He rose from his chair, his heart pounding in his chest, and began to tell the story of the mysterious stranger who had stayed at the inn that winter.

He spoke of the dark secrets that had haunted his past, of the difficult choices he had to make to protect those he loved. And he spoke of the stranger, whose gaze seemed to pierce through layers of lies and deceit to reveal the hidden truth at the core of his heart.

Pierre listened in silence, his face impassive as he absorbed his friend's revelations. Then, slowly, he rose from his chair and made his way to the door, his boots crunching on the frozen ground.

"Come with me, Jacques," he said in a calm but firm voice. "It's time to face our demons together."

Jacques nodded, feeling a weight lift from his shoulders as he followed Pierre into the cold, dark night.

They walked side by side through the snow-covered streets of the village, their footsteps echoing in the silence of the night. And as the storm raged around them, they faced the darkness of winter with courage and determination, ready to confront the secrets of their past and find light in the darkness.